N° 1.   1re Classe.

PRINCIPES DE LECTURE,

Par JULIEN, auteur de la *Mosaïque des Ecoles primaires*.

1RE LEÇON.

Voyelles simples.

a e i y o u

Voyelles accentuées.

â ê è é î ô û

INSTRUCTION.

1er EXERCICE. Le maître fera lire les *voyelles simples* dans l'ordre où elles se trouvent placées, en revenant toujours sur les premières à mesure que l'on avancera. Ainsi, on dira *a*, puis *e*, ensuite *a e*, puis *i*, ensuite *a e i*, etc. Il passera ensuite aux voyelles accentuées, qu'il fera bien prononcer suivant l'inflexion de voix qu'indique l'accent.
2e EXERCICE. Le maître fera lire en prenant les lettres au hasard. Cet exercice est utile pour s'assurer si l'enfant n'a pas appris les lettres par routine. Il pourra aussi faire connaître à l'élève les noms des accents.
3e EXERCICE. Le Maître nommera une lettre à l'élève, et celui-ci la lui montrera sur le tableau avec la baguette.

2E LEÇON.

Consonnes simples.

b p	d t	v f	c k q
be pe	de te	ve fe	que
m n	z s	l r	g j
me ne	ze se	le re	gue je

h x

      cse

INSTRUCTION.

1er EXERCICE. Le maître fera pour la lecture des consonnes ce qui a été indiqué à l'exercice correspondant de la première leçon. La lettre H sera prononcée *ache* ou *he*, à volonté.
2e EXERCICE. Le Maître fera lire en prenant les lettres au hasard.
3e EXERCICE. Le Maître nommera une lettre quelconque à l'élève, et celui-ci la montrera sur le tableau avec la baguette.

1850   Imprimé chez Auguste Veysset, rue de la Treille, à Clermont-Ferrand.

N° 2.   **PRINCIPES DE LECTURE,**   1re Classe.
Par JULIEN, auteur de la *Mosaïque des Ecoles primaires*.

2ᴇ LEÇON (Suite).

Alphabet ou récapitulation des Voyelles et des Consonnes simples.

a b c d e f g h i j k l m
n o p q r s t u v x y z

Alphabet des Majuscules romaines.

A B C D E F G H I J K L M N
a b c d e f g h i j k l m n

O P Q R S T U V W X Y Z
o p q r s t u v w x y z

Alphabet des minuscules italiques.

a b c d e f g h i j k l m n o p
q r s t u v w x y z

Alphabet des Majuscules italiques.

A B C D E F G H I J K L M N
a b c d e f g h i j k l m n

O P Q R S T U V W X Y Z
o p q r s t u v w x y z

INSTRUCTION.

1ᵉʳ EXERCICE. Le Maître fera lire dans l'ordre où elles se trouvent rangées les lettres de l'alphabet, en passant successivement, de l'alphabet *romain* à l'alphabet des *majuscules*, etc.

2ᵉ EXERCICE. Le Maître fera comparer à l'élève, en les lui faisant lire, les lettres de même nom, dans les quatre alphabets.

3ᵉ EXERCICE. Le maître nommera une lettre quelconque en désignant le caractère du genre, et l'élève la lui montrera. Exemple. Lᴇ Mᴀîᴛʀᴇ. Montrez-moi le G des majuscules romaines. L'Éʟèᴠᴇ montrera cette lettre. Lᴇ Mᴀîᴛʀᴇ. Montrez-moi le ᴋ des minuscules italiques. L'Éʟèᴠᴇ montrera cette lettre.

Imprimé chez Auguste Veysset, rue de la Treille, à Clermont-Ferrand.

N° 3.   1re Classe.

PRINCIPES DE LECTURE,

Par JULIEN, auteur de la *Mosaïque des Écoles primaires*.

3ᴱ LEÇON.

Syllabes de deux lettres.

ba	bé	be	bi	bo	bu	na	né	ne	ni	no	nu
pa	pé	pe	pi	po	pu	za	zé	ze	zi	zo	zu
da	dé	de	di	do	du	sa	sé	se	si	so	su
ta	té	te	ti	to	tu	la	lé	le	li	lo	lu
va	vé	ve	vi	vo	vu	ra	ré	re	ri	ro	ru
fa	fé	fe	fi	fo	fu	ga	»	»	»	go	gu
ca	»	»	»	co	cu	»	*gé*	*ge*	*gi*	»	»
»	*cé*	*ce*	*ci*	»	»	ja	jé	je	ji	jo	ju
ma	mé	me	mi	mo	mu	*ha*	*hé*	»	*hi*	*ho*	*hu*

INSTRUCTION. 1ᵉʳ Exercice. On fera lire l'élève en suivant l'ordre des syllabes dans le sens horizontal, c'est-à-dire de gauche à droite, et en épelant de cette manière : *be a ba*; *bc é bé*, etc. Ensuite on suivra les syllabes dans l'ordre vertical, c'est-à-dire de haut en bas, et de colonne en colonne. — On ne fera pas épeler *ha*, *hé*, etc. On fera remarquer à l'élève que ces syllabes se prononcent comme s'il n'y avait pas d'*h*. On lui dira aussi que les lettres *c* et *g* se prononcent *se ci je* devant *e* et *i*.
2ᵉ Exercice. On fera lire sans épeler, d'abord dans l'ordre horizontal et ensuite dans l'ordre vertical. On pourra aussi, comme moyen de vérification, prendre les syllabes au hasard.
3ᵉ Exercice. Le Maître fera faire de mémoire aux élèves l'épellation des syllabes. Exemple. Le Maître. Comment écrit-on *ba*? L'Élève. *b a ba*. Le Maître. Quelles sont les lettres qu'il faut employer pour écrire *mi*? L'Élève. *m i*, *mi*, etc.

4ᴱ LEÇON.

Application des Syllabes de deux lettres à la lecture des mots.

fê te	so fa	ra ve	pa vé	ra me	pi pe
no te	cu ré	pè re	ga ze	ma ri	mo de
dì né	zè le	lu ne	bê te	râ pe	cò té
pa pa	â ne	rè ve	pà té	co de	da me
rô ti	li me	é cu	fè ve	mè re	ju pe
a mi	ro be	zé ro	ca fé	î le	ca ve
la me	*pa ri*	*da te*	*é té*	*ca ba*	*vi de*
no te	*cu ve*	*ra pe*	*na pe*	*pá le*	*no ce*

INSTRUCTION. 1ᵉʳ Exercice. On fera lire les mots sans épeler les syllabes et en observant un léger repos entre chacune d'elles. Si l'élève ne se souvient pas d'une syllabe, on la lui fait épeler. On lira en suivant la ligne horizontale, et ensuite colonne par colonne dans le sens vertical.
2ᵉ Exercice. On fera prononcer les mots sans observer de repos entre les syllabes. On suivra d'abord un certain ordre, puis on prendra au hasard.
3ᵉ Exercice. Le Maître fera épeler de mémoire les mots de la leçon. Exemple. Le Maître. Comment écrit-on *fête*? L'Élève décomposera le mot en syllabes, *fê te*, et dira ensuite *f ê*, accent circonflexe sur l'*e*, *fê*, *t e te*; *fête*. — Le Maître. Comment écrit-on *robe*? L'Élève dira : *ro be*; *r o ro*, *b e ba*, *robe*.

Imprimé chez Auguste Vaysser, rue de la Treille, à Clermont-Ferrand.

PRINCIPES DE LECTURE,

N° 4. 1re Classe.

Par JULIEN, auteur de la *Mosaïque des Écoles primaires*.

5E LEÇON.
Suite de la leçon précédente.

vé ri té	va ni té	mi li ce	tu li pe	é ga li té
a ci de	fi gu re	fa mi ne	do mi no	u ti li té
é tu de	mé ri te	pu re té	pi lo te	li ma ce
fa ci li té	ra re té	sû re té	ca po te	to ma te
mâ tu re	li mi te	re mè de	pa ra de	va ri ce
é bè ne	na tu re	é co le	ma ri ne	fé ro ce
ca ba ne	sa la de	lé ga li té	fa ri ne	vo li ge
so li de	*u ti le*	*vo la ge*	*fa ci le*	*na vi re*

INSTRUCTION. 1er EXERCICE. On fera lire les mots sans épeler les syllabes et en observant un léger repos entre chacune d'elles. Si l'élève ne se souvient pas d'une syllabe, on la lui fera épeler. On tira en suivant la ligne horizontale, et ensuite colonne par colonne dans le sens vertical.
2e EXERCICE. On fera prononcer les mots sans observer de repos entre les syllabes. On suivra d'abord un certain ordre, puis on prendra au hazard.
3e EXERCICE. Le maître fera épeler de mémoire les mots de la leçon. Exemple. LE MAÎTRE. Comment écrit-on *nature* ? L'ÉLÈVE décomposera le mot en syllabes, *na tu re*. Il dira ensuite *n a na, t u tu, natu, r e re, nature*.

6E LEÇON.
Mots où les syllabes ne sont pas séparées.

La lune sera pâle.
Ote la volige.
La fête de ma mère.
La limonade a été utile.
Une étude facile.
La farine du pâté.
Le caba de ma mère.
Une figure féroce.
Papa a une pipe.
La sérénade de la fête.
Le côté du navire.
L'ami a été fidèle.

La vivacité de la bête.
La jupe sera solide.
La rareté de la salade.
Ma mère a bu le café.
La mâture du navire.
L'élève sera puni.
La capote de papa.
Ta mère ira à la fête
Anatole a été malade.
Une cabane ridicule.
La cire dure.
Le pavé uni.

INSTRUCTION. 1er EXERCICE. On fera lire d'abord lentement, afin de donner à l'élève le temps de bien distinguer les syllabes des mots, puis on le fera aller un peu plus vite. Si l'enfant hésite, il faut attendre et ne pas lui dire le mot, de peur de favoriser sa paresse d'esprit.
2e EXERCICE. On fera lire les phrases au hazard afin de déjouer la routine.
3e EXERCICE. Le maître fera épeler de mémoire un mot à chaque élève, en suivant ce qui a été dit aux exercices des leçons précédentes.

Imprimé chez AUGUSTE VEYSSET, rue de la Treille, à Clermont-Ferrand.

N° 5. **PRINCIPES DE LECTURE,** 1re Classe.
Par JULIEN, auteur de la *Mosaïque des Écoles primaires*.

7ᴱ LEÇON.
Sons articulés.

ab	ac	ad	»	al	ap	ar	as
»	ec	»	ef	el	ep	er	es
»	ic	»	if	il	ip	ir	is
ob	oc	»	»	ol	op	or	os
»	uc	»	uf	ul	up	ur	us

Application à la lecture de quelques mots.

ab ju ré	ur ba ni té	es ti mé	ar ti cu lé
ar mu re	op ta ti ve	ic tè re	oc to go ne
al cô ve	*or bi te*	*al ca li*	*ul cè re*

INSTRUCTION. 1ᵉʳ Exercice. On fera lire lentement chaque son articulé en appuyant un peu sur l'élément consonne, mais sans épeler. Ainsi, on pourra dire : *a be, a de* etc, et lorsque l'élève sera un peu exercé, on lui fera prononcer rapidement en une seule émission de voix les deux lettres de chaque syllabe.
2ᵉ Exercice. On fera lire les mots en observant un léger repos entre chaque syllabe, — et à une seconde lecture, on les prononcera sans observer de repos.
3ᵉ Exercice. Le maître fera épeler de mémoire un mot à chaque élève.

8ᴱ LEÇON.
Syllabes formées de consonnes simples et de sons articulés.

b ac	b al	b ar	b if	b il	b or	b ul	b ur
p ac	p al	p ar	p er	p or	p os	p ul	p ur
d ac	d al	d ar	d el	d er	d ir	d or	d ur
t ar	t el	t er	t if	t ir	t ol	t or	t ur
v ac	v al	v ar	v el	v if	v ol	v or	v ur
f ar	f ac	f ic	f er	f il	f ir	f or	f ul
c ar	c er	c ir	c ol	c or	c os	c ul	c ur
m al	m ar	m as	m ir	m ol	m or	m ul	m ur
n ac	n al	n el	n er	n or	n os	n ul	n ur
z ac	z al	z ar	z il	z ir	z ol	z or	z ur
s al	s ar	s ec	s er	s if	s ir	s or	s ur
l ar	l ec	l er	l ir	l ol	l or	l ul	l ur
r ac	r al	r ar	r er	r ir	j ar	j or	j il
g al	g ar	g or	н ar	н al	н el	н ol	н ur

INSTRUCTION. 1ᵉʳ Exercice. On fera décomposer les syllabes en deux éléments comme ils sont indiqués dans les colonnes, c'est-à-dire qu'on lira *be ac; be al, bal* etc.; on lira dans le sens horizontal, ensuite dans le sens vertical.
2ᵉ Exercice. On fera lire sons épeler et en suivant tantôt l'ordre horizontal, tantôt l'ordre vertical.
3ᵉ Exercice. Le Maître fera épeler de mémoire à l'élève les syllabes de la leçon.
Remarque. Cette leçon ne renferme pas toutes les syllabes qu'on peut former avec les consonnes simples et les sons articulés. Nous en avons omis à dessein quelques-unes, parce que nous avons pensé que les élèves n'éprouveraient pas de peine à les lire dans les mots. — On fera lire *har, hal,* etc, sans décomposer la syllabe, la lettre *h* étant nulle.

Imprimé chez Auguste Veysset, rue de la Treille, à Clermont-Ferrand.

N° 6.   **PRINCIPES DE LECTURE,**   1re Classe.

Par JULIEN, auteur de la *Mosaïque des Ecoles primaires*.

9ᵉ LEÇON.

Application de la leçon précédente à la lecture des mots.

per le	bar ba re	co car de	sur ve nir
ca nif	ber li ne	tor tu re	ro bus te
cul te	ar tis te	né ga tif	rup tu re
lar me	ob te nir	ad jec tif	par ve nir
por te	pac to le	es co bar	es cor te
par tir	bor du re	as per ge	pis to le
nor mal	tu mul te	dis cor de	mor ta li té
for mel	mar mi te	lec tu re	lé gis la tif
virgule	*parjure*	*révolte*	*caporal*
giberne	*colonel*	*fistule*	*uniforme*

INSTRUCTION. 1er Exercice. On fera lire lentement et sans épeler les syllabes. On tiendra à ce que l'élève prononce distinctement.
2ᵉ Exercice. On fera lire plus vite, et en prenant les mots au hasard.
3ᵉ Exercice. Le Maître fera épeler de mémoire un mot à chaque élève.

10ᵉ LEÇON.

Petites phrases.

Le canif de l'élève.
Le tarif du canal.
Une avarice sordide.
Une turpitude énorme.
La barbe du général.
Garnir la marmite.
Le murmure général.
Une bête écartelée.
Une torsade d'or.
Le garde du fanal.

Une formalité absurde.
Le merle sera sorti.
La sardine inactive.
Une corde inégale.
La solidité de la porte.
Le bocal portatif.
L'étude sera facile.
La liberté de rire.
Une carte de bal.
La fête de Céline.

INSTRUCTION. 1er Exercice. Avant de faire lire l'élève, il faut lui faire observer que lorsque deux consonnes différentes sont l'une à côté de l'autre on doit les séparer dans la lecture, de manière que la première consonne appartienne à la syllabe qui précède, et la seconde à la syllabe qui suit. Pour bien faire comprendre cela à l'élève, on pourra lui montrer les mots de la 9ᵉ leçon, divisés de cette manière. — Le maître fera lire lentement de manière à bien distinguer les syllabes.
2ᵉ Exercice. On fera lire plus vite et en prenant les phrases au hasard.
3ᵉ Exercice. Le Maître fera épeler de mémoire un mot à chaque élève, en suivant ce qui a été dit au 3ᵉ exercice de la 4ᵉ leçon.

Imprimé chez Auguste Veysset, rue de la Treille, à Clermont-Ferrand.

PRINCIPES DE LECTURE,

Par JULIEN, auteur de la *Mosaïque des Écoles primaires*.

11ᴱ LEÇON.
Suite de la leçon précédente.

L'artiste va venir.
Ferme la porte.
Zoé a une cocarde.
Une robe verte.
Victor partira mardi.
Jérôme sera robuste.
Il porte l'uniforme.
La berline de Valère.
La forme de l'animal.
Va à l'école normale.
Marcel a du mérite.
Il fera sa fortune.
L'or du pactole.
Le code pénal.

La varlope solide.
Le calcul de tête.
Tu ne patineras pas.
La culture du sol.
Bastide fera la lecture.
La vertu d'Aristide.
La verdure de l'été.
La force de Réné.
Une bordure de robe.
La facture du général.
La torture du malade.
La cascade de Gimel.
Le général fume.
L'astuce du Corse.

INSTRUCTION. 1ᵉʳ Exercice. Avant de faire lire l'élève, il faut lui faire observer que lorsque deux consonnes différentes sont l'une à côté de l'autre, on doit les séparer dans la lecture, de manière que la première consonne appartienne à la syllabe qui précède, et la seconde à la syllabe qui suit. Pour bien faire comprendre cela à l'élève, on pourra lui montrer les mots de la 9ᵉ leçon, divisés de cette manière. — Le maître fera lire lentement de manière à bien distinguer les syllabes.
2ᵉ Exercice. On fera lire plus vite en prenant les phrases au hasard.
3ᵉ Exercice. Le Maître fera épeler de mémoire un mot à chaque élève, en suivant ce qui a été dit au 3ᵉ exercice de la 1ʳᵉ leçon.

12ᴱ LEÇON.
Voyelles composées.

| an | in | on | un | eu | ou | oi |

Syllabes formées de consonnes simples et de voyelles composées.

b an	b in	b on	b un	b eu	b ou	b oi
p an	p in	p on	p un	p eu	p ou	p oi
d an	d in	d on	d un	d eu	d ou	d oi
t an	t in	t on	t un	t eu	t ou	t oi
v an	v in	v on	v un	v eu	v ou	v oi
f an	f in	f on	f un	f eu	f ou	f oi
c an	c in	c on	c un	c eu	c ou	c oi

N° 8.   **PRINCIPES DE LECTURE,**   1re Classe.
Par JULIEN, auteur de la *Mosaïque des Écoles primaires.*

12e LEÇON (Suite).

Voyelles composées.

m an	m in	m on	m un	m eu	m ou	m oi
n an	n in	n on	n un	n eu	n ou	n oi
z an	z in	z on	z un	z eu	z ou	z oi
s an	s in	s on	s un	s eu	s ou	s oi
l an	l in	l on	l un	l eu	l ou	l oi
r an	r in	r on	r un	r eu	r ou	r oi
g an	»	G IN	g un	G EU	g ou	g oi
j an	j in	J ON	J UN	j eu	j ou	j oi

INSTRUCTION. 1er Exercice. On fera lire les syllabes de c... ... : be an, ban; be in, bin; etc. On suivra les lignes dans le sens horizontal.
2e Exercice. On fera lire sans épeler en suivant un certain ordre ... on prendra les syllabes au hasard.
3e Exercice. Le Maître fera épeler de mémoire une syllabe à chaque ...

13e LEÇON.

Application de la leçon précédente.

boi te	toi le	bon té	con sé cu tif
boi re	cor don	car ton	a ca jou
sa von	ar moi re	cou ra ge	san dal
ba rou	ou ra gan	sou la gé	poi re
bi lan	vo lon té	cou pon	noi re
mi lan	pan ta lon	car don	mou lin
mou ton	é tou pe	san da le	voi le
din don	sou le vé	pan tin	mor fon du
car lin	se cou rir	bou ton	ba lan ce
ma tin	or to lan	jou jou	ba la din
bi jou	*a vor ton*	*pe lo ton*	*sou pir*
ge nou	*jar gon*	*ru ban*	*se rin*

INSTRUCTION. 1er Exercice. On fera lire lentement et sans épeler les syllabes. On tiendra à ce que l'élève prononce distinctement.
2e Exercice. On fera lire plus vite, et en prenant les mots au hasard.
3e Exercice. Le Maître fera épeler de mémoire un mot à chaque élève.

Imprimé chez Auguste Veysset, rue de la Treille, à Clermont-Ferrand.

N° 7.   2ᵉ Classe.

PRINCIPES DE LECTURE,
Par JULIEN, auteur de la *Mosaïque des Écoles primaires*.

14ᴱ LEÇON.
Suite de la leçon précédente.

Le mouton de Marcel. | Le pepin de la poire.
Le peloton de fil. | Le bouton du pantalon.
Le carlin de papa. | Onze heures du matin.
Le dindon rôti. | La dindone noire.
Le serin morfondu. | Le vin bon à boire.
Une balance de fer. | Un mâtin malade.
Le savon de maman. | Une armoire d'acajou.
L'étoupe de la corde. | Le bec de l'ortolan.
Le ravage du milan. | Le bouton de métal.
La sandale solide. | *Le cardon de jardin.*
Le bijou rare. | *Le voile coupé.*

INSTRUCTION. 1ᵉʳ Exercice. On fera lire d'abord lentement afin de donner à l'élève le temps de bien distinguer les syllabes des mots, puis on le fera aller un peu plus vite. Si l'enfant hésite, il faut attendre et ne pas lui dire le mot, de peur de favoriser sa paresse d'esprit.
2ᵉ Exercice. On fera lire les phrases au hasard afin de déjouer la routine.
3ᵉ Exercice. Le Maître fera épeler de mémoire un mot à chaque élève, en suivant ce qui a été dit au 3ᵉ exercice de la 4ᵉ leçon.

15ᴱ LEÇON.
Consonnes conjointes ou inséparables.

bl   pl   fl   gl   cl   br   pr   dr   tr
vr   fr   gr   cr   ch   gn

Syllabes formées de consonnes conjointes et de voyelles simples ou composées.

bl a	bl é	bl i	bl an	bl on	bl in	bl ou
pl i	pl a	pl è	pl eu	pl on	pl oi	pl an
fl o	fl a	fl é	fl an	fl on	fl ou	fl eu
gl a	gl i	gl u	gl oi	gl on	gl ou	gl an
cl a	cl é	cl i	cl ou	cl oi	cl in	cl an
br e	br a	br é	br an	br in	br on	br eu
pr é	pr a	pr i	pr eu	pr in	pr an	pr oi

INSTRUCTION. 1ᵉʳ Exercice. Le maître pourra à une première lecture faire décomposer les consonnes conjointes de cette manière *bc le, be re*, etc., excepté *ch gn*, mais à une seconde lecture, il fera articuler les deux lettres d'un trait : *ble, ple*, etc.
2ᵉ Exercice. On passera à la lecture des syllabes qu'on fera d'abord épeler et qu'on lira ensuite d'une seule émission de voix.
3ᵉ Exercice. Le Maître fera épeler de mémoire une syllabe à chaque élève.

Imprimé chez Auguste Veyssey, rue de la Treille, à Clermont-Ferrand.

PRINCIPES DE LECTURE,

Par JULIEN, auteur de la *Mosaïque des Ecoles primaires*.

15ᴱ LEÇON (Suite).

Syllabes formées de consonnes conjointes et de voyelles simples ou composées.

dr é	dr a	dr i	dr eu	dr in	dr an	dr oi
tr a	tr i	tr o	tr an	tr in	tr oi	tr ou
vr e	vr i	vr o	vr on	vr an	vr oi	vr ou
fr i	fr a	fr o	fr oi	fr an	fr eu	fr in
gr a	gr i	gr é	gr un	gr on	gr un	gr an
cr i	cr o	cr a	cr in	cr an	cr ou	cr oi
ch a	ch e	ch i	ch on	ch ou	ch an	ch oi
gn e	gn i	gn a	gn on	gn eu	gn ou	gn an

INSTRUCTION. (Voir, pour les exercices, le 7ᵉ tableau, 15ᵉ leçon.)

16ᴱ LEÇON.

Application de la leçon précédente à la lecture des mots.

chan son	man chon	bron ze	tran che
bro chu re	char te	flâ ne rie	bran che
bre lan	fro ma ge	fleu ve	tra pè ze
blan che	trè ve	frè re	prê tre
blon de	tri bu	fri pe rie	trou pe
blâ me	trô ne	fri vo li té	mer cre di
che min	cha pon	tra ver sin	ven dre di
chè vre	cloî tre	tri bu ne	clan des tin
chi mè re	brou té	man che	mi gnon
chu te	hé breu	tra fic	fran ge
gla ce	*glo be*	*bè che*	*di gni té*
glan de	*gloi re*	*fri pon*	*ro gnon*

INSTRUCTION. On suivra pour les exercices, ce qui a été dit à la 14ᵉ leçon.

N° 9.   **PRINCIPES DE LECTURE,**   2ᵉ Classe.

Par JULIEN, auteur de la *Mosaïque des Écoles primaires.*

17ᴱ LEÇON.
Application de la leçon précédente.

Le manchon gris.	La grâce du coupable.
Un globe de carton.	Un fromage de chèvre.
Un chemin de fer.	Une brochure chère.
Un chemin sec.	La gloire du prince.
Un blâme sévère.	Une table de bronze.
La tribu captive.	La montagne de glace.
Un cloître fermé.	Du vin de Frontignan.
Le conseil du roi.	La montagne blanche.
Le chapon plumé.	Le manche de la bêche.
Une pêche mûre.	*La grêle de l'orage.*
Un fleuve rapide.	*La poule a chanté.*

INSTRUCTION. 1ᵉʳ Exercice. On fera lire d'abord lentement afin de donner à l'élève le temps de bien distinguer les syllabes des mots, puis on le fera aller un peu plus vite.
2ᵉ Exercice. On fera lire les phrases au hasard afin de déjouer la routine.
3ᵉ Exercice. Le Maître fera épeler de mémoire un mot à chaque élève, en suivant ce qui a été dit au 3ᵉ exercice de la 4ᵉ leçon.

18ᴱ LEÇON.
Consonnes initiales composées.

sc   scr   st   str   sp   spl   ps

Syllabes.

sc a	sc al	sc an	sc o	sc or	scr i	scr u	sp a
sp ec	sp in	sp i	spl an	st a	st é	st i	st y
st o	str a	str ic	str i	ps al	ps eu	ps y	

Application à la lecture des mots.

sca ro le	sca lè ne	stu pi de
sté ri le	psal mo die	sta tu re
spi ra le	sto ma cal	sca ra mou che
spa tu le	pseu do ny me	spec ta cle

INSTRUCTION. 1ᵉʳ Exercice. On fera lire d'abord les consonnes initiales de cette manière : *se ke, se cre, se tc*, etc., puis on les fera prononcer rapidement *ske, scre*, etc.
2ᵉ Exercice. On épellera la syllabe d'abord, ensuite on la lira d'une seule émission de voix. — Pour ce qui est relatif à la lecture des mots, on procédera de la même manière que dans les leçons précédentes.
3ᵉ Exercice. Le Maître fera épeler de mémoire un mot à chaque élève, en suivant ce qui a été dit au 3ᵉ exercice de la 4ᵉ leçon.

Imprimé chez Auguste Veysset, rue de la Treille, à Clermont-Ferrand

N° 10.   2e Classe.

PRINCIPES DE LECTURE,
Par JULIEN, auteur de la *Mosaïque des Écoles primaires*.

18ᴱ LEÇON (Suite).

Application à la lecture des mots.

scrupule	scorsonère	scandinave
scri be	stère	stricte
scalpel	sbire	spéculatif
spontané	psyché	stable
style	scrutin	sporade
stérilité	*stimuler*	*stipulé*
stabilité	*scandale*	*spatule*

INSTRUCTION. 1ᵉʳ Exercice. On fera lire d'abord lentement afin de donner à l'élève le temps de bien distinguer les syllabes des mots, puis on le fera aller un peu plus vite.
2ᵉ Exercice. On fera lire les mots au hasard afin de déjouer la routine.
3ᵉ Exercice. Le Maître fera épeler de mémoire un mot à chaque élève, en suivant ce qui a été dit au 3ᵉ exercice de la 4ᵉ leçon.

19ᴱ LEÇON.

Mots où il se trouve des consonnes redoublées.

a bbé	la zza ro ni	fla tte rie	cha pel le
a ccor dé	ba llo nné	flo tta ge	par ter re
a bbe vi lle	a tta ché	go mme	fluet te
a ffer mé	bou sso le	ga vo tte	ga zet te
a llu mé	ba nnir	sur pa ssé	mo lles se
a nnon cé	ca rro sse	a ffa mé	prê tres se
a ppe lé	ca sse ro le	ba llo ta ge	to nner re
échappé	accoster	carrelage	sagesse
somme	flamme	adresse	sonnette
génisse	disséminé	paresse	effectif
arrêté	*assidu*	*terre*	*rosette*
assuré	*annoté*	*facette*	*civette*

INSTRUCTION. 1ᵉʳ Exercice. Avant de faire lire, le maître fera remarquer à l'élève que les consonnes redoublées ne se séparent jamais et qu'elles appartiennent toujours à la syllabe qui les suit, excepté les mots où les consonnes redoublées sont précédées d'un e muet, alors les consonnes se séparent et la première donne le son grave à l'e muet.
2ᵉ Exercice. On fira les mots sans observer de repos entre les syllabes. On suivra d'abord un ordre, puis on prendra les mots au hasard.
3ᵉ Exercice. Le Maître fera épeler de mémoire un mot à chaque élève, en suivant ce qui a été dit au 3ᵉ exercice de la 4ᵉ leçon.

Imprimé chez Auguste Veysset, rue de la Treille, à Clermont-Ferrand.

PRINCIPES DE LECTURE,

Par JULIEN, auteur de la *Mosaïque des Ecoles primaires.*

20ᴱ LEÇON.

Voyelles composées articulées.

eul   eur   oil   oir   oul   our

Syllabes.

b eur	p oil	b oul	p oir	b our	p eur
v oir	f our	v eur	f oir	v eul	f eur
l eur	n oir	l our	n eur	l oir	n eul
m our	j eur	m oir	j our	m eur	m oul
s oir	d eur	s our	d oir	s eur	d our
g our	c our	g eur	r oir	t our	t oir
ch oir	gn eur	ch eur	gn oir	bl eur	gn eul
fl eur	vr oir	pl eur	cr eur	ch our	cl eur

Application à la lecture des mots.

mi roir	bon jour	va leur
sé jour	re ce veur	cou loir
lin ceul	plan toir	pa sse poil
trou ba dour	tu meur	stu peur
lar geur	lec teur	ca boul
dé tour	é pa gneul	vou loir
four mi	sour di ne	a jour né
torpeur	*dévidoir*	*voleur*
bonsoir	*fournir*	*tourbe*
détour	*fourche*	*laminoir*

INSTRUCTION. 1ᵉʳ EXERCICE. Les voyelles composées seront prononcées d'abord en séparant les deux éléments de cette manière eu le, eu re, etc., puis on les lira d'un seul trait. — On se conduira de même pour les syllabes. Ainsi, on dira : be eur, beur ; ve oir, voir, etc.
2ᵉ EXERCICE. On fera lire les mots comme on a déjà fait dans les leçons précédentes.
3ᵉ EXERCICE. Le Maître fera épeler de mémoire un mot à chaque élève.

Imprimé chez AUGUSTE VEYSSET, rue de la Treille, à Clermont-Ferrand.

N° 12.   2ᵉ Classe.
PRINCIPES DE LECTURE,
Par JULIEN, auteur de la *Mosaïque des Ecoles primaires.*

21ᴱ LEÇON.
Petites phrases sur les mots des trois leçons précédentes.

Voilà la largeur de la toile. — Abel a un carrosse superbe. — Le miroir de maman sera donné à Octave. — Je vois le scribe du procureur qui chante. — La chèvre de ma nourrice broute l'herbe du pré. — J'admire le scrupule de l'honnête homme. — La stérilité des montagnes n'est pas générale. — On estime la toile de Flandre. — Le vin de Bourgogne sera bon cette année. — On récoltera du blé et du chanvre. — Honoré récitera sa leçon d'histoire à midi. — La sonnette du médecin est sourde. — La spirale de la colonne est belle. — Le commerce souffre et l'industrie ne marche pas. — Un épagneul a mordu le maréchal. — Le ramoneur sera ici à la fin du mois. — La voiture ira à Abbeville. — Eugène a allumé du feu. — Je n'écoute pas les méchantes paroles. — Toute la nature est dans une profonde torpeur. — Voici un homme affamé. — Les lazzaroni sont sur le navire. — La stupeur règne partout. — Hélène marche à la sourdine. — Le dévidoir de ma mère sera arrangé par mon frère. — La fourmi amasse pour l'hiver. — La cigale chante l'été et ne songe pas à l'hiver. — Tours est un séjour charmant. — Cécile a coupé sa bottine. — Sa mère la grondera.

INSTRUCTION. 1ᵉʳ Exercice. On fera lire d'abord lentement afin de donner à l'élève le temps de bien distinguer les syllabes des mots, puis on le fera aller un peu plus vite.
2ᵉ Exercice. On fera lire les phrases au hasard afin de déjouer la routine.
3ᵉ Exercice. Le Maître fera épeler de mémoire un mot à chaque élève.

N° 13. 2ᵉ Classe.

PRINCIPES DE LECTURE,
Par JULIEN, auteur de la *Mosaïque des Ecoles primaires*.

22ᴱ LEÇON.

Articulations mouillées et sons mouillés.

ill ll ail eil ouil euil

Application à la lecture des mots.

ba ta ille	vo la ille	ro ca ille
ba ta illon	tra va illé	mé da ille
mé da illon	a ssa illir	tra va illeur
rou illé	hou ille	pa trou ille
barbouillé	citrouille	rouillère
grenouille	vérouillé	émailleur

ca ri llon	pa vi llon	ver mi llon
va ni lle	brin di lle	fi lle
goupillon	durillon	barbillon
gentille	lentille	famille

fe nouil	or teil	é cu reuil
ca mail	dé tail	por tail
conseil	réveil	appareil
écureuil	nanteuil	deuil

barbouillage	*émaillure*	*caillou*
tenaille	*bouillon*	*portail*
caillette	*bouvreuil*	*fauteuil*

INSTRUCTION. 1ᵉʳ ExERCICE. On fera bien décomposer les syllabes et prononcer distinctement les sons mouillés. Le Maître fera lire en suivant l'ordre horizontal.
2ᵉ ExERCICE. On fera lire les mots sans observer de repos entre les syllabes. On pourra prendre les mots au hasard.
3ᵉ ExERCICE. Le Maître fera épeler de mémoire un mot à chaque élève.

N° 14. **PRINCIPES DE LECTURE,** 2ᵉ Classe.
Par JULIEN, auteur de la *Mosaïque des Ecoles primaires*.

23ᴱ LEÇON.

Diphthongues et voyelles tréma.

ia   io   iu   ié   iè   ian   ieu   ien   ion
iou   oui   oin   ua   ui

aï   aü   oï   oü

Syllabes.

b ia	b io	b iè	b ien	p ia	p io	p ié
p iau	p ion	f ia	f iè	f oin	f ui	v ian
v ien	d ia	d ian	d ien	t iè	t ien	t ion
m ia	m iè	m ieu	m ien	m oin	n ion	n ui
l ia	l iu	l ié	l iau	l ieu	l ien	l ion
r ia	r iu	r ié	r ien	r ion	r ua	r ui

Application à la lecture des mots.

dia cre	u nion	roui ssa ge
a da gio	louis	na ïf
niè ce	piè ce	sa ül
vian de	poin tu	hé ro ïne
mi lieu	lui re	an ti no üs
vau rien	pié té	ha ïr
ruade	suivante	faïence
cuire	*fiacre*	*émiéter*
adieu	*pioche*	*million*

INSTRUCTION. 1ᵉʳ Exercice. On fera lire les diphthongues en prononçant séparément les deux éléments, et à une seconde lecture, on les prononcera d'une seule émission de voix. — On fera remarquer aux enfants que lorsque l'i ou l'u sont placés avant une autre voyelle, ils ne forment jamais syllabe ensemble, et que par conséquent ces voyelles conservent leur son propre.
2ᵉ Exercice. On fera lire les mots de manière que les syllabes représentées par les diphthongues soient prononcées par une seule émission de voix.
3ᵉ Exercice. Le Maître fera épeler de mémoire un mot à chaque élève.

Imprimé chez Auguste Veysset, rue de la Treille, à Clermont-Ferrand.

N° 15.   2e Classe.
PRINCIPES DE LECTURE,
Par JULIEN, auteur de la *Mosaïque des Ecoles primaires*.

24ᴱ LEÇON.
Sons analogues.

œu *se lit* **eu** *dans*

cœur......	bœuf......	œuvre.....
sœur......	œuf.......	ma nœu vre...

œ *se lit* **é** *dans*

œ di pe......	œ no mel.....	œ no mè tre..
œ dè me.....	œ no pe.....	fœ tus......

ed, er, et, ez *se lisent* **é** *à la fin des mots*

pied.......	tré pied.....	pied-bot.....
bou cher....	ber ger......	dan ger......
bro chet....	vo let.......	go det.......
vous li rez...	vous sor ti rez..	vous dan se rez

ai, ei *se lisent* **è** *dans*

lai ne......	fon tai ne....	plai ne......
ba lei ne....	reine.......	pei gne......

y *vaut deux* **ii** *entre deux voyelles*

lo yal......	pa yé.......	vo ya ge.....
ro yal......	no yé.......	pi to ya ble...

au, eau *se lisent* **o** *dans*

é tau.......	bo yau......	no yau......
cha peau....	man teau....	bu reau......

INSTRUCTION. 1ᵉʳ Exercice. Le Maître lira une fois chaque exemple et le fera répéter à l'élève. A une seconde lecture, l'élève lira seul ; s'il éprouve quelques difficultés à reconnaitre un son équivalent, on lui fera voir le son primitif.
2ᵉ Exercice. On ne suivra pas l'ordre des exemples et l'on exigera de l'élève qu'il lise les mots sans observer de repos entre les syllabes.
3ᵉ Exercice. Le Maître fera épeler de mémoire un mot à chaque élève.

Imprimé chez Auguste Veyssey, rue de la Treille, à Clermont-Ferrand.

PRINCIPES DE LECTURE,

Par JULIEN, auteur de la *Mosaïque des Écoles primaires*.

25ᴱ LEÇON.
Suite de la leçon précédente.

am, em, en *se lisent* an *dans*

bam bin . . .	tam pon. . . .	lam pe . . . . .
em pi re . . .	tem ple. . . .	mem bre . . . .
men tir	en ten dre. . . .	men son ge . .

im, aim, ain, ein *se lisent* in *dans*

daim	faim. . . .	é taim. . . . .
vi lain.	par rain. . . .	loin tain. . . . .
é tein dre. . . .	fein dre . . .	pein dre. . .
im por tant. . .	im po li	im ber be . . . .

om *se lit* on *dans*

om bra ge . . .	bom be	trom pe . .
pom pe. . . .	nom bre. . . .	som bre . . . .

eu *se lit* u *dans*

j'eus.	tu eus.	il eut. . . . .
nous eû mes . .	vous eû tes . . .	ils eu rent. . . .

ent *se lit* e (*faible*) *dans*

ils ai ment. . .	ils sor tent. . .	ils chan tent. .
ils ven dent . .	ils meu rent . .	ils é cri vent. .
ils ai mè rent	ils mou ru rent	ils é cri vi rent

ent *ne se prononce pas dans*

ils ai mai ent. .	ils sor tai ent. .	ils chan tai ent.
ils ven dai ent .	ils mou rai ent .	ils é cri vai ent

INSTRUCTION. 1ᵉʳ EXERCICE. Le maître lira une fois chaque exemple et le fera répéter à l'élève. A une seconde lecture, l'élève lira seul; s'il éprouve quelques difficultés à reconnaître un son équivalent, on lui fera voir le son primitif.
2ᵉ EXERCICE. On ne suivra pas l'ordre des exemples et l'on exigera de l'élève qu'il lise les mots sans observer de repos entre les syllabes.
3ᵉ EXERCICE. Le Maître fera épeler de mémoire un mot à chaque élève.

PRINCIPES DE LECTURE,

Par JULIEN, auteur de la *Mosaïque des Écoles primaires*.

26ᴱ LEÇON.

Mots relatifs à la leçon précédente.

ils mar chent	ils ar maient	ils jouè rent
maî tre	cha pe lain	pa raî tre
men teur	ven geur	len teur
be deau	moi neau	im po tent
pom pier	trom peur	pré au
en vo yé	plo yé	fi naud
plu met	pou let	ils tra va illaient
tei gne	en sei gne	vous mar chez
ver ger	*ils tuè rent*	*des sein*
bo yau	*é tran ger*	*œ illet*

INSTRUCTION. 1ᵉʳ EXERCICE. On fera lire d'abord lentement afin de donner à l'élève le temps de bien distinguer les syllabes des mots, puis on le fera aller un peu plus vite. Si l'enfant hésite, il faut attendre et ne pas lui dire le mot, de peur de favoriser sa paresse d'esprit.
2ᵉ EXERCICE. On fera lire les mots au hasard afin de déjouer la routine.
3ᵉ EXERCICE. Le Maître fera épeler de mémoire un mot à chaque élève, en suivant ce qui a été dit au 5ᵉ exercice de la 4ᵉ leçon.

27ᴱ LEÇON.

Petites phrases relatives à la leçon précédente.

Un œuf d'autruche.	Un pied de violette.
La reine est morte.	Les ouvriers travaillent.
La laine du Berry.	Le peigne de ma sœur.
Un vilain manœuvre.	On a vendu un chameau.
La prière du berger.	Le peuple est à l'œuvre.
Le godet du peintre.	Donne-moi ton bonnet.
On a bouché le tuyau.	Auguste a tué un daim.
Les serins chantent.	Le bureau du maître.
Frédéric est loyal.	*Un orteil rompu.*
André a du cœur.	*Le manteau royal.*

INSTRUCTION. 1ᵉʳ EXERCICE. On fera lire d'abord lentement afin de donner à l'élève le temps de bien distinguer les syllabes des mots, puis on le fera aller un peu plus vite. Si l'enfant hésite, il faut attendre et ne pas lui dire le mot, de peur de favoriser sa paresse d'esprit.
2ᵉ EXERCICE. On fera lire les phrases au hasard afin de déjouer la routine.
5ᵉ EXERCICE. Le Maître fera épeler de mémoire un mot à chaque élève, en suivant ce qui a été dit au 5ᵉ exercice de la 4ᵉ leçon.

Imprimé chez Auguste Veysset, rue de la Treille, à Clermont-Ferrand.

N° 18.   3ᵉ Classe.
PRINCIPES DE LECTURE,
Par JULIEN, auteur de la *Mosaïque des Ecoles primaires*.

28ᴱ LEÇON.
Articulations analogues.

ç	*se lit* s *dans*	fa ça de. . . ma çon . . gar çon. . .
ch	*se lit* k *dans*	cho lé ri ne. Arché la üs cho lé ra. .
chr	*se lit* cr *dans*	chrit . . . . chré tien . chro no lo gie
gu	*se lit* g *dans*	se rin gue. . fi gue . . . pro lo gue .
ph	*se lit* f *dans*	pha re. . . . pha lè ne . phi lo mè le.
phl	*se lit* fl *dans*	phlo gis tique phlé gra . phlé gyas . .
phr	*se lit* fr *dans*	phré no lo gie phra se . . cam phre . .
que	*se lit* k *dans*	ba ra que. . ban que . . an ti qui té .
s	*se lit* z *entre deux voyelles* . . . ro se . . . phra se . . .
th	*se lit* t *dans*	thé â tre . . Thé o phi le . ma thu rin .
ti	*se lit* si *dans*	ac tion . . . na tion . . . Dio clé tien .
x	*se lit* cs *dans*	a xe. . . . . a xio me . fi xe . . . . .
x	*se lit* gz *dans*	e xa men . . e xil . . . . e xac ti tu de
z	*se lit* se *dans*	six . . . . . dix . . . . . soi xan te . .

INSTRUCTION. 1ᵉʳ Exercice. Le maître lira une fois chaque exemple et le fera répéter à l'élève. A une seconde lecture, l'élève lira seul; s'il éprouve quelques difficultés à reconnaître un son équivalent, on lui fera voir le son primitif.
2ᵉ Exercice. On ne suivra pas l'ordre des exemples et l'on exigera de l'élève qu'il lise les mots sans observer de repos entre les syllabes.
3ᵉ Exercice. Le Maître fera épeler de mémoire un mot à chaque élève.

N° 19.   3ᵉ Classe.

PRINCIPES DE LECTURE,
Par JULIEN, auteur de la *Mosaïque des Écoles primaires*.

29ᴱ LEÇON.
Mots relatifs à la leçon précédente.

ger çu re	phos pho re	thè me
chœur	Eu phra te	Do mi tien
chro ni que	gui ta re	e xer ci ce
équi pa ge	phry gien	em pha se
phlo mis	pi ro gue	ban quet te
mé du se	chry sa li de	ex tré mi té
an thè re	hé mis phè re	a per çu
chrô me	ar doi se	ther mal
caleçon	*équivoque*	*ambition*
cerise	*christophe*	*excusable*

INSTRUCTION. 1ᵉʳ Exercice. Le maître insistera beaucoup sur cette leçon, parce qu'elle renferme des difficultés. Il fera bien de suivre plusieurs fois le même ordre, et de prendre ensuite les mots au hasard.
On fera remarquer à l'élève que l'*x* placé devant un *s* se prononce *é*, quoiqu'il ne soit pas accentué. Cela vient de ce que l'*x* équivaut à deux consonnes soit *gz*, *cs*, etc.
2ᵉ Exercice. On ne suivra pas l'ordre des exemples et l'on exigera de l'élève qu'il lise les mots sans observer de repos entre les syllabes.
3ᵉ Exercice. Le Maître fera épeler de mémoire un mot à chaque élève.

30ᴱ LEÇON.
Phrases relatives aux sons et aux articulations analogues.

Les oreilles du chameau.	Une guirlande de roses.
Un anneau royal.	On dégrade la muraille.
Le château du Seigneur.	Ma guitare est vieille.
La relique du saint.	La banque de France.
Une mauvaise intention.	Nous eûmes la victoire.
L'exigence du maître.	Vous partirez demain.
On examine les écoliers.	Eustache est un taquin.
Je me repose à l'ombre.	Lucien était grenadier.
Un vase romain.	*Aristide a été en exil.*
Ils furent vaincus.	*Les écoliers lisaient.*

INSTRUCTION. 1ᵉʳ Exercice. On fera lire comme il a été dit dans les précédentes leçons, lentement d'abord, puis un peu plus vite. — Il faudra un peu insister sur cette leçon, car elle renferme des difficultés.
2ᵉ Exercice. On ne suivra pas l'ordre des exemples et l'on exigera de l'élève qu'il lise les mots sans observer de repos entre les syllabes.
3ᵉ Exercice. Le Maître fera épeler de mémoire un mot à chaque élève.

Imprimé chez Auguste Veysset, rue de la Treille, à Clermont-Ferrand.

N° 20. 3ᵉ Classe.

PRINCIPES DE LECTURE,

Par JULIEN, auteur de la *Mosaïque des Ecoles primaires*.

31ᴱ LEÇON.

Lettres sonores à la fin des mots.

Règle. Les lettres **c, f, l, r,** sont les seules qui se prononcent à la fin des mots ; si d'autres consonnes viennent à la suite elles sont nulles.

un bec	le ca nif	un re gard
des becs	les ca nifs	des re gards
un é chec	ma ter nel	un poi gnard
des é checs	ma ter nels	des poi gnards
un a que duc	pa ter nel	un re nard
des a que ducs	pa ter nels	des re nards
un syn dic	un bé mol	un re mords
des syn dics	des bé mols	des re mords
un tric trac	un ros si gnol	un bu tor
des tric tracs	des ros si gnols	des bu tors
le juif	un ré gal	un mi lord
les juifs	des ré gals	des mi lords
la nef	un cha cal	un hi ver
les nefs	des cha cals	des hi vers

Règle. Les lettres **c, f, l, r,** ne se prononcent pas dans

un ac croc	un cerf-volant	un ou til
des ac crocs	des cerfs-volants	des ou tils
un cric	un œuf frais	un sour cil
des crics	des œufs frais	des sour cils
un es to mac	le bœuf gras	un dan ger
des es to macs	des bœufs gras	des dan gers
un broc	un ba ril	un ber ger
des brocs	des ba rils	des ber gers
une clef	un che nil	un meu nier
des clefs	des che nils	des meu niers

INSTRUCTION. 1ᵉʳ Exercice. On fera lire d'abord lentement afin de donner à l'élève le temps de bien distinguer les syllabes des mots, puis on le fera aller un peu plus vite. Si l'enfant hésite, il faut attendre et ne pas lui dire le mot, de peur de favoriser sa paresse d'esprit.
2ᵉ Exercice. On fera lire les mots au hasard afin de déjouer la routine.
3ᵉ Exercice. Le Maître fera épeler de mémoire un mot à chaque élève, en suivant ce qui a été dit au 5ᵉ exercice de la 4ᵉ leçon.

Imprimé chez Auguste Veysset, rue de la Treille, à Clermont-Ferrand.

N° 19.   3ᵉ Classe.

PRINCIPES DE LECTURE,
Par JULIEN, auteur de la *Mosaïque des Ecoles primaires.*

32ᴱ LEÇON.
Irrégularités.

ao ris te ˢᵉ ᵖʳᵒⁿᵒⁿᶜᵉ	o ris te	so len nel ˢᵉ ᵖʳᵒⁿᵒⁿᶜᵉ	so la nel
a oût	— ou	in dem ni té	— in dam ni té
pa on	— pan	rou en ne rie	— rou a ne rie
fa on	— fan	ga ren ne	— ga rè ne
La on	— Lan	an ci en ne	— an ciè ne
pa o nne	— pa ne	dé co rum	— dé co ro me
ta on	— ton	prudemment	— pru da ment
fem me	— fa me	mi ni mum	— mi ni mo me
hen nir	— ha nir	é ques tre	— é cues tre
rhum	— ro me	é qui ta tion	— é cui ta tion
punch	— pon che	a qua rel le	— a coua rel le
au tom ne	— au to ne	a qua ti que	— a coua ti que
bap ti ser	— ba ti ser	qua dru pè de	— coua dru pè de
comp te	— con te	bap tê me	— ba tê me
domp ter	— don ter	promptitude	— pron ti tu de
dam ner	— da ner	s culp teur	— scul teur
sept	— sè te	sep tiè me	— sè tiè me
asth me	— as me	sta gna tion	— sta gue na tion
isth me	— is me	ré gni co le	— ré gue ni co le

INSTRUCTION. 1ᵉʳ Exercice. Le maître lira le premier chaque exemple et le fera répéter à l'élève. A une seconde lecture, l'élève trouvera lui-même la prononciation des mots en les comparant avec les mots en regard.
2ᵉ Exercice. Le maître fera lire seulement les mots placés à la gauche de la leçon, et l'élève donnera lui-même la véritable prononciation. On fera bien de cacher les mots en regard dans lesquels la prononciation est figurée.
3ᵉ Exercice. Le Maître fera épeler de mémoire un mot à chaque élève, en suivant ce qui a été dit au 3ᵉ exercice de la 4ᵉ leçon.

Imprimé chez Auguste Veysset, rue de la Treille, à Clermont-Ferrand.

N° 20.   **PRINCIPES DE LECTURE,**   3ᵉ Classe.
Par JULIEN, auteur de la *Mosaïque des Ecoles primaires*.

33ᴱ LEÇON.
Ponctuation.

Pour diriger le lecteur, l'écriture renferme des signes conventionnels que l'on appelle signes de ponctuation.

Ces signes sont :

La virgule. . . . (,)	Le point . . . . (.)
Le point-virgule (;)	Le point d'interrogation (?)
Les deux points (:)	Le point d'exclamation (!)

La VIRGULE indique une pause presque insensible, le temps absolument nécessaire pour prendre respiration.

Le POINT VIRGULE indique une pause à peu près double de celle qu'indique la virgule.

Les DEUX POINTS indiquent un repos encore plus considérable que le point virgule.

Le POINT s'emploie à la fin d'une phrase dont le sens est achevé; il indique un repos marqué.

Le point D'INTERROGATION indique une pause de même durée que celle du point virgule ou des deux points et se met à la fin d'une phrase interrogative.

Le point D'EXCLAMATION s'emploie à la fin d'une phrase qui exprime l'exclamation, et marque un repos aussi long que celui du point.

INSTRUCTION. 1ᵉʳ EXERCICE. On fera lire les mots couramment sans observer de repos entre les syllabes.
2ᵉ EXERCICE. On exigera de l'élève qu'il s'arrête dans sa lecture aux différents signes de ponctuation.
3ᵉ EXERCICE. Le Maître fera épeler de mémoire un mot à chaque élève en suivant ce qui a été dit au 3ᵉ exercice de la 4ᵉ leçon.

N° 19.   3ᵉ Classe.

PRINCIPES DE LECTURE,

Par JULIEN, auteur de la *Mosaïque des Écoles primaires*.

34ᴱ LEÇON.

Règles de Liaisons.

Toutes les consonnes finales, excepté *b*, *h*, *j*, *m*, se lient au mot suivant qui commence par une *voyelle* ou une *h* muette.

un bac étroit,	*dites*	un bakétroit
un saint homme,	*dites*	un sainthomme
un bœuf estropié,	*dites*	un bœufestropié

Le *d* se prononce *t* dans les cas de liaison.

un grand orateur,   *dites*   un grantorateur

Le *g* final se prononce *k* dans

le sang humain,   *dites*   le sankhumain

Le *s* et le *x* se prononcent *z* dans

trois élèves,	*dites*	troizélèves
dix officiers,	*dites*	dizofficiers

Le *f* se prononce *v* dans

neuf hommes,   *dites*   neuvhommes

Lorsque *d* et *t* terminent un mot, et sont précédés de *r* la liaison se fait avec cette dernière lettre.

un regard aimable,	*dites*	un regaraimable
un port obstrué,	*dites*	un porobstrué

La lettre *t* à la fin des mots *aspect*, *respect* etc, ne se prononce pas; la liaison se fait avec le *e* dur.

aspect effroyable,	*dites*	aspèkeffroyable
respect humain,	*dites*	respèkhumain

INSTRUCTION. 1ᵉʳ Exercice. Le maître lira une fois chaque exemple et le fera répéter à l'élève. A une seconde lecture, l'élève lira seul.
2ᵉ Exercice. On ne suivra pas l'ordre des exemples et l'on exigera de l'élève qu'il lise les mots couramment.
3ᵉ Exercice. Le Maître fera épeler de mémoire un mot à chaque élève.

Imprimé chez Auguste Veysset, rue de la Treille, 4 Clermont-Ferrand.

N° 20. 3ᵉ Classe.

PRINCIPES DE LECTURE,
Par JULIEN, auteur de la *Mosaïque des Ecoles primaires*.

35ᴱ LEÇON.
Tableau de quelques abréviations.

M.	monsieur	Succʳ	successeur
MM.	messieurs	S. E.	son éminence
Mᵐᵉ	madame	S. A. R.	son altesse royale
Mᵐᵉˢ	mesdames	Le S. P.	le Saint-Père
Mˡˡᵉ	mademoiselle	C. A. D.	c'est-à-dire
Mᵉ	maître	P.-S.	post-scriptum
Mᵈ	marchand	N.-B.	nota-béné.
Négᵗ	négociant	Demᵗ	demeurant
Fabᵗ	fabricant	Dépᵗ	département
Le Sʳ	le sieur	Arrondᵗ	arrondissement
Vᵛᵉ	veuve	Gouvᵗ	gouvernement
J.-C.	Jésus-Christ	Admᵒⁿ	administration
S. M.	sa majesté	Ex	exemple
Directʳ	directeur	7ᵇʳᵉ	septembre
Inspʳ	inspecteur	8ᵇʳᵉ	octobre
Institʳ	instituteur	9ᵇʳᵉ	novembre
Vérifʳ	vérificateur	Xᵇʳᵉ	décembre

INSTRUCTION. 1ᵉʳ Exercice. Le Maître lira une fois chaque exemple et le fera répéter à l'élève. A une seconde lecture, l'élève lira seul.
2ᵉ Exercice. On ne suivra pas l'ordre des exemples et l'on ne fera lire que les abréviations.
3ᵉ Exercice. Le Maître fera épeler de mémoire un mot à chaque élève.

Imprimé chez Auguste Veysset, rue de la Treille, à Clermont-Ferrand.

N° 23.   **PRINCIPES DE LECTURE,**   3ᵉ Classe.
Par JULIEN, auteur de la *Mosaïque des Ecoles primaires.*

36ᵉ LEÇON.
LECTURE COURANTE.
Maximes.

Il n'y a qu'un seul Dieu.

Ne fais point le mal, mais fais le bien.

Dieu aime ceux qui aiment leurs frères et leurs proches.

Qui ne sait pas mourir ne sait pas vivre.

Soyez muet quand vous donnez, et parlez quand on vous donne.

Apprends avec peine, et tu sauras avec plaisir.

Le fruit du travail est le plus doux des plaisirs.

Ne mens pas : on ne croit pas le menteur même quand il dit vrai.

Un métier vaut un fonds de terre.

Il n'y a pas de sot métier, il n'y a que de sottes gens.

Sois le premier au travail, et le dernier à te coucher.

Veux-tu jouir d'une bonne santé? Sois sobre et frugal.

L'avare ne fait du bien qu'après sa mort.

Quand le sage ouvre la bouche, approche ton oreille.

Ne remets pas à demain le bien que tu peux faire aujourd'hui.

INSTRUCTION. 1ᵉʳ Exercice. On fera lire les mots couramment sans observer de repos entre les syllabes.
2ᵉ Exercice. On exigera de l'élève qu'il s'arrête dans sa lecture aux différents signes de ponctuation.
3ᵉ Exercice. Le Maître fera épeler de mémoire un mot à chaque élève en suivant ce qui a été dit au 3ᵉ exercice de la 4ᵉ leçon.

Imprimé chez Augustin Veysset, rue de la Treille, à Clermont-Ferrand.

PRINCIPES DE LECTURE,

Par JULIEN, auteur de la *Mosaique des Ecoles primaires*.

36ᴱ LEÇON (Suite.)

Maximes.

Il ne faut jamais quitter le certain pour l'incertain.

Ne vous contentez pas de louer les gens de bien, imitez-les.

Adore Dieu, honore tes parents, aime ton prochain, obéis aux lois.

Pour les mauvais ouvriers il n'est pas de bons outils.

Dieu dit à l'homme : Aide-toi, je t'aiderai.

La paresse va si lentement que la pauvreté l'atteint tout d'un coup.

Se coucher de bonne heure et se lever matin sont les deux meilleurs moyens de conserver sa santé et sa fortune.

Labourez pendant que le paresseux dort, vous aurez toujours du blé à vendre et à garder.

Qui ne fait bien dans sa jeunesse, s'en repent dans sa vieillesse.

L'enfant bien appris ne parle point qu'on ne lui parle, et répond quand on l'interroge.

Il est aussi fou au pauvre de vouloir singer le riche, qu'il est fou à la grenouille de vouloir s'enfler pour égaler le bœuf.

Ne hante point les méchants de peur d'en accroître le nombre.

INSTRUCTION. On suivra, pour les exercices, ce qui a été dit au tableau précédent.

N° 25.   3ᵉ Classe.

PRINCIPES DE LECTURE,
Par JULIEN, auteur de la *Mosaïque des Ecoles primaires.*

37ᴱ LEÇON.
Caïn et Abel.

Adam et Eve eurent deux fils, Caïn et Abel.

Caïn s'appliqua à cultiver la terre; Abel à nourrir des troupeaux. Ainsi les premiers enfants qui parurent dans le monde, durent gagner leur pain par le travail.

Dieu bénit les travaux de Caïn, et les soins qu'Abel donnait à ses brebis. Tous deux voulurent offrir au Seigneur un sacrifice. Caïn lui présenta des fruits de la terre, et Abel immola les premiers-nés et ce qu'il y avait de plus gras dans ses troupeaux.

Dieu agréa avec bonté l'offrande d'Abel et détourna sa face de l'offrande de Caïn.

Quiconque n'honore pas sincèrement le bon Dieu n'aime pas non plus son prochain. Caïn, voyant que son frère était agréable au Seigneur, en fut jaloux, et conçut une profonde haine contre l'innocent Abel. Les traits de sa figure s'altérèrent; il dépérissait de colère et d'envie, car toute mauvaise passion ruine la santé et enlaidit le plus beau visage.

Un jour le bon Dieu avertit Caïn, et lui dit : Pourquoi cette tristesse? pourquoi ce jaloux dépit? ne sais-tu pas que si tu fais mal, tu en seras

INSTRUCTION. 1ᵉʳ Exercice. On fera lire les mots couramment sans observer de repos entre les syllabes.
2ᵉ Exercice. On exigera de l'élève qu'il s'arrête dans sa lecture aux différents signes de ponctuation.
3ᵉ Exercice. Le Maître fera épeler de mémoire un mot à chaque élève en suivant ce qui a été dit au 5ᵉ exercice de la 4ᵉ leçon.

Imprimé chez Auguste Veysset, rue de la Treille, à Clermont-Ferrand.

PRINCIPES DE LECTURE,

Par JULIEN, auteur de la *Mosaïque des Écoles primaires*.

37ᴱ LEÇON (Suite.)
Caïn et Abel.

puni? C'était comme si Dieu lui eût dit : Imite ton frère, deviens bon et vertueux, et tu me seras agréable comme lui, et tu seras aussi heureux que lui.

Au lieu d'écouter cet avertissement du Seigneur, Caïn emmena un jour son frère dans la campagne, et lorsqu'ils furent loin, le méchant se jeta sur lui et le tua.

Vainement Caïn avait choisi un endroit écarté pour commettre son crime; Dieu, qui est présent partout, le vit et lui demanda bientôt : Caïn, où est ton frère? --- Je n'en sais rien, répondit l'audacieux; est-ce que je suis le gardien de mon frère? Alors Dieu lui dit : Qu'as-tu fait? Le sang de ton frère crie vers moi; c'est pourquoi tu seras maudit sur la terre que tu as abreuvée du sang de ton frère! En vain tu la cultiveras, elle te refusera ses fruits. Tu seras fugitif et vagabond, et tu ne trouveras nulle part ni asile ni repos.

Saisi de terreur, Caïn se dit en lui-même : Ma faute est trop grande pour en obtenir le pardon, et, désespérant ainsi de la miséricorde de Dieu, il s'enfuit de la maison paternelle et mena une vie errante et empoisonnée par le remords.

INSTRUCTION. On suivra, pour les exercices, ce qui a été dit au tableau précédent.

Imprimé chez Auguste Veysset, rue de la Treille, à Clermont-Ferrand.

PRINCIPES DE LECTURE,

Par JULIEN, auteur de la *Mosaïque des Ecoles primaires*.

38ᴱ LEÇON.

Importance de la Lecture.

Il importe à tout homme de savoir lire, celui qui ne sait point lire vit parmi ses concitoyens, comme s'il était au milieu d'un peuple dont il n'entendît pas parfaitement la langue. A chaque instant il est obligé de recourir aux autres, pour savoir ce qu'indique telle enseigne, pour connaître le nom d'une rue, le contenu d'une affiche qui peut l'intéresser, et jusqu'au quantième du mois. Enfin, l'homme qui ne sait pas lire est une dupe facile pour les charlatans; il se trouve souvent dans l'impossibilité de veiller à ses intérêts; il est forcé de mettre un tiers dans la confidence des lettres qu'il reçoit, des marchés et des actes de toute espèce qu'il a passés; il est dans la dépendance des autres, il faut qu'il se fie à leur bonne foi, et bien souvent il est trompé.

Je vous raconterai à ce sujet une anecdote dont je puis vous garantir la vérité. Un pêcheur des bords de la Loire, laborieux, mais fort avare, avait un fils qui, élevé fort négligemment, ne savait pas encore lire à vingt-quatre ans. Ce pêcheur mourut laissant son héritier en apparence possesseur seulement d'une cabane, d'une barque et de quelques filets.

INSTRUCTION. 1ᵉʳ Exercice. On fera lire les mots couramment sans observer de repos entre les syllabes.
2ᵉ Exercice. On exigera de l'élève qu'il s'arrête dans sa lecture aux différents signes de ponctuation.
3ᵉ Exercice. Le Maître fera épeler de mémoire un mot à chaque élève en suivant ce qui a été dit au 3ᵉ exercice de la 4ᵉ leçon.

Imprimé chez Auguste Veysset, rue de la Treille, à Clermont-Ferrand.

PRINCIPES DE LECTURE,

Par JULIEN, auteur de la *Mosaïque des Écoles primaires*.

 38ᴇ LEÇON (Suite.)

Importance de la Lecture.

Le jeune homme voulut un jour savoir ce que disaient quelques papiers contenus dans un vieux portefeuilles qui avait appartenu à son père, et pour cela il eut recours à l'obligeance d'un marinier, son voisin, dont la probité n'était pas la vertu principale. Ce voisin trouva dans le portefeuilles quelques actes civils de la famille, quelques lettres peu importantes et un petit carré de papier qui ne paraissait pas mériter la moindre attention. Après avoir pris connaissance de toutes ces pièces, il conseilla au jeune pêcheur de conserver les actes et de jeter le reste au feu. Ce qui fut dit fut fait.

Quelques temps après, le marinier, qui n'a possédé jusque là qu'un seul bateau, se trouve à la tête d'un gros train de maison et vit dans l'abondance. On fit des rapprochements, on sut que le jeune pêcheur lui avait montré des papiers, et l'on en vint à conclure que ces papiers lui avaient révélé l'existence d'un trésor. Comme il n'apparaissait aucune preuve de ce fait, le spoliateur ne fut point puni; mais l'indignation publique le força de réaliser son avoir et de s'expatrier. Plusieurs années après, ses anciens voisins ayant appris qu'il s'était ruiné, lui appliquèrent le proverbe: BIEN MAL ACQUIS NE PROFITE JAMAIS. Ils auraient pu dire aussi du jeune pêcheur: L'IGNORANCE FAIT DES DUPES.

INSTRUCTION. On suivra, pour les exercices, ce qui a été dit au tableau précédent.

N° 29.　　　　　　　　　　　　　　　　　　　　　3e Classe.

PRINCIPES DE LECTURE,
Par JULIEN, auteur de la *Mosaique des Ecoles primaires*.

39ᴱ LEÇON.

Importance de l'Ecriture.

Sans l'écriture, on serait obligé de confier à la mémoire toutes les choses qu'on a besoin de se rappeler, et ces choses sont pour l'ordinaire en fort grand nombre, et la mémoire est fort oublieuse, et d'un souvenir dépendent quelquefois l'honneur et la fortune.

Sans l'écriture nous serions forcés de nous déplacer, de voyager, lorsque nous avons à communiquer à quelque distance, nos idées, nos désirs, nos volontés, nos besoins; et tout déplacement cause une dépense de temps ou d'argent, tout voyage consume à la fois ces deux éléments de prospérité. Au contraire, une lettre est bientôt écrite, et pour très-peu de chose elle est rapidement portée d'un bout à l'autre de la France; le courrier voyage

INSTRUCTION. 1ᵉʳ Exercice. On fera lire les mots couramment sans observer de repos entre les syllabes.
2ᵉ Exercice. On exigera de l'élève qu'il s'arrête dans sa lecture aux différents signes de ponctuation.
3ᵉ Exercice. Le Maître fera épeler de mémoire un mot à chaque élève en suivant ce qui a été dit au 5ᵉ exercice de la 4ᵉ leçon.

Imprimé chez Auguste Veysset, rue de la Treille, à Clermont-Ferrand.

N° 30.   3ᵉ Classe.

PRINCIPES DE LECTURE,

Par JULIEN, auteur de la *Mosaïque des Ecoles primaires*.

39ᴱ LEÇON (Suite.)

Importance de l'Ecriture.

pour celui qui sait écrire ; l'affaire qui se traite par lettre n'interrompt point le cours des autres affaires.

Sans l'écriture, les conventions des hommes ne reposeraient que sur la mémoire et sur la bonne foi. La mémoire n'est pas toujours fidèle, je l'ai déjà dit, et la bonne foi, il faut bien l'avouer à la honte de notre espèce, la bonne foi n'est pas une vertu fort commune.

Enfin, celui qui ne sait pas écrire est obligé de mettre les autres dans la confidence de ses affaires et de ses secrets; il perd une grande partie de son indépendance, et bien souvent il a tout lieu de se repentir de n'avoir pas appris l'art de fixer la parole et de parler aux yeux. *Tout homme a donc besoin de savoir écrire.*

INSTRUCTION. On suivra, pour les exercices, ce qui a été dit au tableau précédent.

Imprimé chez Auguste Veyssey, rue de la Treille, à Clermont-Ferrand.

PRINCIPES DE LECTURE,

Par JULIEN, auteur de la *Mosaïque des Ecoles primaires*.

40ᴱ LEÇON.
Règles à observer pour la lecture du Latin.

Toutes les lettres se prononcent dans la lecture du latin.

e se prononce ordinairement *é*; exemples : *benedicite, veritate,* dites *bénédicité, véritaté.*

e suivi de *s, t, x,* a le son de *è*; exemples : *labores, leget, exaudio,* dites *laborès, légèt, èxaudio.*

en, ens se prononcent *ène, insse* à la fin des mots; exemples : *lumen, sapiens,* dites *lumène, sapiïnsse.*

en dans le corps des mots se prononce *in*; exemples : *potentes, monentes,* dites *potintes, monintes.*

um formant syllabe se prononce toujours *ome*; exemples : *dominum, templum,* dites *dominome, templome.*

un se prononce *on* dans tout les cas; exemples : *legerunt, amabunt,* dites *légé-*

INSTRUCTION. 1ᵉʳ Exercice. On fera lire les mots couramment sans observer de repos entre les syllabes.
2ᵉ Exercice. On exigera de l'élève qu'il s'arrête dans sa lecture aux différents signes de ponctuation.
3ᵉ Exercice. Le Maître fera quelques questions sur les règles de la lecture du latin.

PRINCIPES DE LECTURE,
Par JULIEN, auteur de la *Mosaïque des Ecoles primaires*.

40ᴱ LEÇON (Suite.)

Règles à observer pour la lecture du Latin.

ronte, amabonte, excepté dans *tunc, nunc, hunc,* où il conserve sa prononciation propre *un*.

Les consonnes finales se prononcent toujours; ainsi dites *pater, dicimus, audax, licet,* comme s'il y avait *patère, dicimuce, audaxe, licète.*

ch se prononce toujours *k*; exemples : *chorus, archimedus,* dites *korus, arkimedus.*

gn se prononce *gue ne*; exemples : *magnificat, regnum,* dites *maguenificat, reguenum.*

qu se prononce *cou* devant *a*; exemples *quarum, qualibet,* dites *couarum, coualibet.*

qu se prononce *cu* devant *æ, e, i,* exemples : *quæ, que, qui,* dites *cuæ, cué, cui.*

qu se prononce *k* devant *o*; exemples : *quolibet, quod,* dites *kolibet, kod.*

l'*h* dans les mots est toujours nulle; exemples : *humilis, homo,* dites *umilis, omo.*

INSTRUCTION. On suivra, pour les exercices, ce qui a été dit au tableau précédent.

N° 33. 3ᵉ Classe.

PRINCIPES DE LECTURE,
Par JULIEN, auteur de la *Mosaïque des Ecoles primaires*.

40ᴱ LEÇON (Suite.)

Psaume 111.

Beatus vir qui timet Dominum : in mandatis ejus volet nimis.

Potens in terrâ erit semen ejus : generatio rectorum benedicetur.

Gloria et divitiæ in domo ejus : et justitia ejus manet in seculum seculi.

Exortum est in tenebris lumen rectis : misericors et miserator, et justus.

Jucundus homo qui miseretur et commodat; disponet sermones suos in judicio : quia in æternum non commovebitur.

In memoriâ æternâ erit justus : ab auditione malâ non timebit.

Paratum cor ejus sperare in Domino : confirmatum est cor ejus, non commovebitur donec despiciat inimicos suos.

Dispersit, dedit pauperibus, justitia ejus manet in seculum seculi : cornu ejus exaltabitur in gloriâ.

Peccator videbit et irascetur, dentibus suis fremet et tabescet : desiderium peccatorun peribit.

FIN.

Imprimé chez Augustr Veyssrt, rue de la Treille, à Clermont-Ferrand.

www.ingramcontent.com/pod-product-compliance
Lightning Source LLC
LaVergne TN
LVHW051512090426
835512LV00010B/2492